SWAN

GITÁRISKOLÁJA

® REGISTERED TRADEMARK

Swan gitáriskolája

Copyright © Pelyhe Róbert, 2005

Második kiadás: 2010

ISBN 978 963 069 785 9

Kiadja: Pelyhe Róbert
Nyomtatta: Alföldi Nyomda Zrt.
Felelős vezető: György Géza vezérigazgató

Információ: www.swan2000.com

ELŐSZÓ

A könyvről néhány szóban

A szerző: Pelyhe Róbert – Swan   angoltanár, gitártanár

„Már régen elterveztem, hogy gitárkönyvet írok, egészen pontosan még 14 éves koromban. Úgy gondolom, hogy nincs olyan gitárkönyv a piacon, amely mindenki számára egyaránt hasznos lehet. Ez a könyv azért is született meg, hogy pontosabban rátekintsünk arra a fáradtságos folyamatra, amelynek a végén az eredményes és sikeres gitárjáték érhető el, akár a nagyközönség előtt is. Ehhez megfelelő mennyiségű gyakorlásra és elméleti ismertetőre van szükségetek."

„A jó munkához idő kell, így hát vegyétek a fáradtságot és gyakoroljatok lelkesen.
A koncertképes gitárjáték elérésére minimum napi 4 óra gyakorlásra van szükség. Elméleti tudás nélkül azonban nehezen lehet jó gitárszámokat írni. Megpróbáltam alapos és rendkívül összeszedett lenni az elméleti kérdésekben, így remélem nem marad tisztázatlan pont a könyvemben."

„Forgassa ezt a könyvet mindenki saját tetszése szerint, legyen az kicsi vagy nagy, fiú vagy lány, 10 éves vagy 60 éves! A legfontosabb a játék szeretete. Ha nem élvezitek a gitárjátékot, akkor a vele járó tanulás csak fáradtságos lesz. Ha TI vagy ujjaitok elfáradnak, akkor inkább pihenjetek, és másnap friss erővel vágjatok neki az új gyakorlatoknak, illetve fejezeteknek!"

A lektor: Tornai Péter   gitárművész

Péter bá-val még 1995-ben ismerkedtem meg, amikor is épp betértem egy zeneiskolába, hogy klasszikus éneket tanuljak. Egy napon hallottam, ahogy az iskola egyik klasszikus gitártanára (aki nem Péter bá volt) milyen szépen gitározik. Én is úgy akartam játszani. De azonban nála nem volt hely. Így hát átirányított egy másik emberhez (ő már Péter bá). Teljes nyugalommal vezette az órákat a VII. kerületi zeneiskolában, amit többnyire 12-15 éveseknek tartott.

Eleinte nem tudtam hogyan játszik. Elkértem a telefonszámát. Sosem bántam meg, hogy végül nála kötöttem ki. Játékából teljes nyugalom áradt és minden pengetése művészi produkció volt. Ma is az. Akkor már megvolt az elképzelésem, hogy gitáriskolát írok.

A klasszikus gitározást kiegészítésnek tanultam meg, hogy fel tudjam használni, amikor zenét szerzek. Sikerült. Azóta is tartom vele a kapcsolatot és örülök, hogy néha én is a segítségére lehetek. Én tanácsoltam még neki 1996-ban, hogy bátran merjen belevágni egy vállalkozásba, mert csak mindenki hasznára válik. Megtette, boltot nyitott. És mindenki tudja, aki őt kicsit is ismeri, hogy Péter bá csak jó minőségű klasszikus gitárokat árul, no és ha valami problémád van, akkor ő abban is segít.

ELMÉLETI ISMERTETŐ

A kezdetek, az első lépés

Mi az a hang?

Azt a fizikai jelenséget, amelyet hallószervünkön keresztül észlelünk, hangnak nevezzük. A hang forrása valamely rugalmas test, amely rezgésbe jön. A hangot a levegő, a szilárd rugalmas testek és a folyékony anyagok vezetik. Ha a rezgés szabályos, azaz egyenlő időközökben egyenlően ismétlődik, zenei hangról beszélünk.

A zene és a hang

A zene anyaga a hang. A hang többféle sajátossággal rendelkezik, úgymint magasság, időtartam, erősség, színezet.

A hangmagasság kifejezésére **hangjegyek**et használunk. Ahhoz, hogy a hangjegyeket a megfelelő hangmagasságban írásban is szemléltetni tudjuk, különböző vonalakra van szükségünk. Ez egy ötsoros vonalrendszerből álló grafikon, amelyen a hangmagasságot rögzítjük. A grafikon vonalait kottavonalaknak nevezzük.

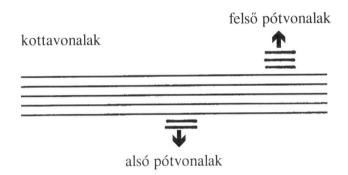

A hangmagasság aszerint változik, hogy a hangjegyet vagy hangjegyeket melyik vonalra vagy vonalak közé helyezzük. Magasabban fekvő vonalon vagy vonalközben lévő hangok magasabban szólalnak meg.

A mélyebben vagy magasabban fekvő hangok szemléltetésére pótvonalakat is használunk. A pótvonalak helyzetüktől függően **alsó** vagy **felső pótvonalak** lehetnek.

Mi a kotta?

A zene hangjait a kottavonalakra helyezett hangjegyekkel fejezzük ki. Ezt kottának nevezzük.

A kotta szó jelentése: 1. hangjegy
        2. hangjegyeket tartalmazó kéziratos vagy nyomtatott zenemű.

ELMÉLETI ISMERTETŐ

A gitártabulatúra

Egy másik szemléltetési módszer is létezik. A gitáron lefogott hangokat egy 6 vonalból álló grafikonon is jelölhetjük. Ennek a neve: **tabulatúra**. A tabulatúra rövidítése: TAB

1.kép: A tabulatúra egyik jelölési módszere:

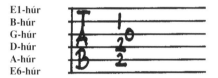

E1-húr
B-húr
G-húr
D-húr
A-húr
E6-húr

2. kép: A tabulatúra, amely a gitár nyakát szemlélteti másik ábrázolásban:

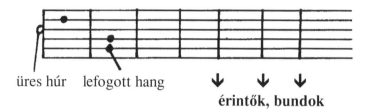

üres húr   lefogott hang   ↓   ↓   ↓
érintők, bundok

A tabulatúra vonalai a gitár egy-egy húrját jelképezik fekvő helyzetben, a vonalon lévő számok pedig a gitár egyes bundjai felett lefogott hangokat jelentik (1. kép).

Mi az **érintő** vagy más néven **bund**?

A húros hangszer fogólapján a húr leszorításának helyét jelölő fémdarabkát érintőnek vagy más néven bundnak nevezzük.

Bund: német szó. A jelentése: kötés, csomó. Régebben az érintő nem fémből volt, mint manapság, hanem bélhúrból és mindegyiket külön csomóval kötötték meg. A szó eredete innen származik.

Két érintő, vagy más néven bund között helyezkedik el az érintőterület, ahol a hangokat lefogjuk.

A gitár húrjainak számozását a legmagasabbtól a legalacsonyabb felé végzik. Az egyes húroknak azt a nevet adták, amilyen hangmagasságon megszólalnak. A legmagasabb húr az E-húr, számozás szerint az első húr, ezért ezt E1-nek is nevezik. A második húr neve: **B-húr**. A harmadik húr neve: G-húr. A negyedik húr neve: D-húr. Az ötödik húr neve: A-húr. A legmélyebb húr neve: E-húr vagy E6-húr.

Megjegyzés: a nem angolszász országokban, eltérő néven hívhatják a 2. húrt. Magyarországon a 2. húr neve: **H-húr**. Én az angol nevet fogom használni a könyvben, de többször fogom jelezni az eltérést.

A húrok csökkenő hangmagasság szerint angolszász névvel: E(1), B, G, D, A, E(6)
Magyarországon: E(1), H, G, D, A, E(6)

ELMÉLETI ISMERTETŐ

CD   **Az első lépés / Ritmusgyakorlat**

Hangjegyek:

Egy - két,   há – négy
(1)   (2)   (3)   (4)

Egészértékű hang. Négy számolásig tart.
A hang időtartamának végéig négyet kell számolni.

Egy - két,   há - négy.
(1)   (2)   (3)   (4)

Félértékű hangjegy. Két számolásig tart.

Egy - két,   há - négy.
(1)   (2)   (3)   (4)

Negyedértékű hang. Egy számolásig tart.

Egyet - kettőt, hármat-négyet.
(1)   (2)   (3)   (4)

Nyolcadértékű hang, röviden nyolcad.

e-gye-sé-vel,   ket-te-sé-vel,   hár-ma-sá-val,   né-gye-sé-vel.
(1)   (2)   (3)   (4)

Tizenhatodértékű hangok

Tizenhatodoknál a számolás a következőképpen történik: egyesével, kettesével, hármasával, négyesével.

Négy tizenhatod megegyezik egy negyeddel.

Ha a tizenhatodokat tovább osztjuk, akkor harminckettedeket kapunk.

Négy harminckketted   = két tizenhatod = 1 nyolcad

A hangjegyek egyben ritmusértékek is.

ELMÉLETI ISMERTETŐ

A triolák

A triola szó egy zenei kifejezés. A „tri-" előtag jelentése: három-.
A triola három, egyenlő értékű hangjegyekből álló csoport, amelyet két, ugyanolyan értékű hang ideje alatt kell megszólaltatni.

A triola szó zenei nyelven azt jelenti, hogy három hangot fogunk egy megadott ritmusértékre pengetni. A triola bármilyen ritmusértékből állhat.

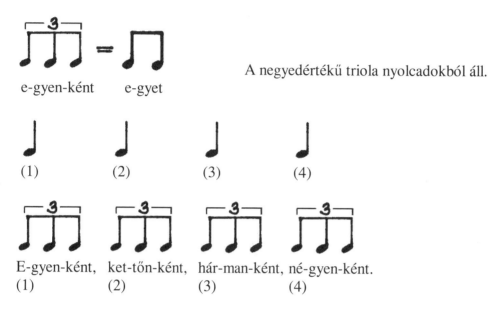

A negyedértékű triola nyolcadokból áll.

E-gyen-ként, ket-tőn-ként, hár-man-ként, né-gyen-ként.
(1)   (2)   (3)   (4)

A triolát a ritmusértékek fölé helyezett 3-as számmal kell jelölni. A nyolcadokból álló triolákra így számolunk: egyenként, kettőnként, hármanként, négyenként.

A félértékű triola negyedekből áll.

Egy-kettőt   (1)   (2)

Azt jelenti, hogy 1 félértékű hangjegy időtartama alatt 3 hangot játszunk.

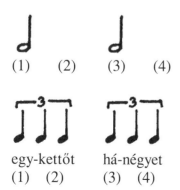

A negyedekből álló triolákra ekképpen számoljunk: egy-kettőt, há-négyet.

ELMÉLETI ISMERTETŐ

Szünetek

Minden hangjegyértékhez egy-egy szünetjel is tartozik.

𝄽   Negyedértékű szünetjel

𝄾   Nyolcadértékű szünetjel

𝄿   Tizenhatodértékű szünetjel

▬   Félértékű szünet (kétnegyed hosszúságig tart)

▬   Egészértékű szünet (négynegyed hosszúságig tart)

A hangmagasság meghatározása

A gitáron képezhető hangok leírásához a violinkulcsot használjuk. A violinkulcs a hangmagasság meghatározásában segít.

A kottavonalak elején kitett violinkulcs a hangjegyek magasságát határozza meg aszerint, hogy a hangjegyet vagy hangjegyeket melyik vonalra vagy melyik vonalak közé helyezzük.

A következő ábrán a bekeretezett hangok a gitár üres húrjait jelölik.

A **violinkulcs** vagy más néven G-kulcs a **g** hang helyét rögzíti.

A gitár legmagasabb húrja erre a hangra van hangolva.

A gitár legmélyebb húrja ezt a hangmagasságot adja

Az ütem és az ütemvonalak

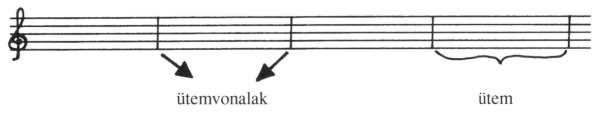

ütemvonalak   ütem

ELMÉLETI ISMERTETŐ

A hangjegyek könnyed olvasása érdekében a kottavonalakra merőlegesen ütemvonalakat helyeztünk el. Ezek az ütem végét jelentik.

Ütem: két ütemvonal között helyezkedik el, általában négynegyed hosszúságig (4/4 vagy C) tart, vagy annyi ideig, ahogyan azt a violinkulcs mellett, az első sorban lévő ütemmutató mutatja.
Pl. ¾ , 2/4 vagy 6/8 hosszúságig.

A felső szám azt mutatja, hogy az alsó hangjegyértékből (jelen esetben negyedekből) hány helyezkedhet el az ütemben. Az ütemeken belül más ritmusértékeket is elhelyezhetünk.

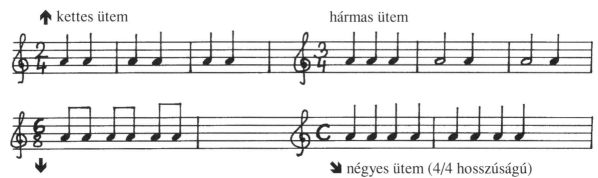

Az alsó szám azt a ritmusértéket mutatja, amelyre az ütemben egyet számolunk. Jelen esetben egy nyolcadra számolunk egyet. Az alsó szám egyben azt is megmutatja, hogy hány alaplüktetést tartalmaz az ütem.

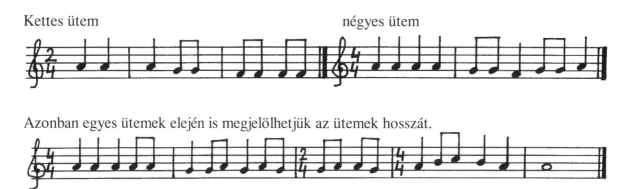

Azonban egyes ütemek elején is megjelölhetjük az ütemek hosszát.

A váltakozó ütem

Ha a kottában gyakran különbözik az ütemmutató, akkor azt a violinkulcs mellett is jelölhetjük. Az ilyen dalt váltakozó ütemű dalnak nevezzük. Ez ritkábban fordul elő.

ELMÉLETI ISMERTETŐ

Hangolás CD-ről

Hangoljuk be gitárunkat a következő hangokra: E, A, D, G, B, E
A húrok nevei mellett zárójelben azok sorszámát láthatjátok.

E(6)   A(5)   D(4)   G(3)   B(2)

E(1)

Hangoláshoz a gitár nyakán lévő tekerőkulcsokat abba az irányba fordítjuk, amelyik a megadott hangmagasság irányába visz.

A nyújtott hang

Ha a hangjegy mellett pontot találunk, akkor nyújtott hanggal van dolgunk, azaz a hangjegy időtartama feleannyival meghosszabbodik.

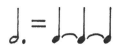

A félértékű hangjegy mellé rakott pont azt jelenti, hogy a hangjegy időtartama háromnegyed hosszúságig tart. Az ívvel kötött azonos magasságú hangok ritmusértéke összeadandó.

Az átkötés jele: ⌒

Amennyiben két vagy több azonos magasságú hangot kötünk át, akkor csak az első hangot szólaltatjuk meg, de annak hosszúsága az utoljára átkötött hangjegy időtartamának végéig tart.

A negyedértékű hangjegy mellé rakott pont azt jelenti, hogy a megszólaltatott hang háromnyolcad hosszúságig tart.

A nyolcadértékű hangjegy mellé rakott pont azt jelenti, hogy a megszólaltatott hang háromtizenhatod hosszúságig tart.

ELMÉLETI ISMERTETŐ

A nyújtott ritmus

Ritmus: a hangjegyek szabályos váltakozását ritmusnak nevezzük.

Vizsgáljuk meg a ritmusértékek következő elrendezését!

Ha három nyolcadértékű nyújtott hanghoz egynyolcad ritmusértéket rendelünk, azt nyújtott ritmusnak nevezzük. Bármilyen ritmusértékből képezhetünk nyújtott ritmust.

Vizsgáljuk meg a következő elrendezést is!

Ebben az esetben egy nyolcadértékű hangot háromnyolcad hosszúságú hang követ. Az új ritmusképlet neve: **éles ritmus**. A jele:

Mielőtt az első gyakorlatot elkezdjük, figyeljük meg a jobb kéz helyes tartását!

A markolófogás

Ujjaink tartása leginkább egy markológép lapátjára hasonlít. A helyes kéztartásnál az alkar a csuklóval és az ujjakkal egyvonalban helyezkedik el, ahogy azt a kép is mutatja.

ELMÉLETI ISMERTETŐ

A négyujjas játék

A négyujjas pengetésnél a következő ujjrendet alkalmazzák a leggyakrabban:

a jobb kéz hüvelykujja főként a következő három húrt pengeti: E(6), A, D.

A basszushang pengetésénél (E6, A, vagy D-húron) a hüvelykujjat mindig ráhúzzuk a következő húrra, majd kicsit felemeljük, hogy ne akadályozza az azt követő húr pengetését.

A többi ujjunk esetében vagy körömmel, vagy ujjbeggyel pengetünk.

Most ismerkedjünk meg az első kézhelyzettel!

a mutatóujj a **G-húrt** pengeti

a középső ujj a **B-húrt** pengeti

a gyűrűsujj az **E1-húrt** pengeti

a húrok együttes pengetése

A második kézhelyzetet ritkábban használják. Ilyenkor a mutatóujj a **d-húrt**, a középső ujj a **g-húrt**, a gyűrűsujj a **b-húrt** pengeti.

ELMÉLETI ISMERTETŐ

A fekvés és a fekvésben történő játék

A balkéz szerepe nagyon fontos a gitárjáték során. Helyzete meghatározza, hogy egy számot, számrészletet vagy szólót könnyen vagy nehézkesen tudunk-e lejátszani. Éppen ezért a lehető legkönnyebb játékstílus elsajátítása érdekében balkezünket jobbra és balra mozdíthatjuk el a gitár nyakán. Így különböző pozíciókba, más néven fekvésekbe kerülünk.

Ujjainkat először a következőképpen helyezzük el a gitáron a D vagy az A-húr fölé ekképpen:

mutatóujjunk az 1. bund fölött,
középső ujjunk a 2. bund fölött,
gyűrűsujjunk a 3. bund fölött,
kisujjunk a 4. bund fölött legyen.

Ezt az elrendezést első fekvésnek nevezzük. Az első fekvés jele: I.

Az első fekvés. A jele: I.   A második fekvés: II.

A fekvések jelölésére mindig római számokat használunk.

Most ismerkedjünk meg a második fekvéssel. A jele: II.

Amennyiben kezünket jobbra mozdítjuk a gitár nyakán, a mutatóujjunk a második bund fölött fog elhelyezkedni, azaz a 2. bundon lévő hangokat fogja lefogni.

A középső ujjunkkal a 3. bund hangjait fogjuk le, a gyűrűsujjunknak a 4. bund hangjai jutnak és a kisujjunkkal az 5. bund feletti hangokat szólaltatjuk meg. Mivel a kiinduló pontot a mutatóujjunk határozza meg, ezért ezt második fekvésnek nevezzük.

ELMÉLETI ISMERTETŐ

A harmadik fekvés

Balkezünket mozdítsuk el megint jobbra a következő elrendezés szerint:

Helyezzétek mutatóujjatokat a 3. bund fölé, a középső ujjat a 4. bund fölé, a gyűrűsujjat az 5. bund fölé és a kisujjat a 6. bund fölé! Ezt III. fekvésnek nevezzük, mivel az elrendezés szerint a mutatóujjunk a harmadik bund fölött képezhető hangokat fogja megszólaltatni.

A balkéz ujjainak jelölésére arab számokat használunk:

	számjele:
mutatóujj:	1
középső ujj:	2
gyűrűsujj:	3
kisujj:	4

A fekvésben történő játék azt jelenti, hogy ha egy adott fekvésben játszunk, akkor az ujjrendtől nem, vagy csak egy pillanatra térünk el. Játékunk megkönnyítése érdekében római számmal jelölhetjük a kotta fölött azt, hogy hányadik fekvésben játszunk.

A harmadik fekvés jele: III.

A negyedik fekvés jele: IV.

A balkéz hüvelykujja

A balkéz hüvelykujjának a gitár hátsó részén támasztó szerepe van. Az a 2. bund mögött, a gitár hátán közepesen erős nyomást fejt ki a gitárra.

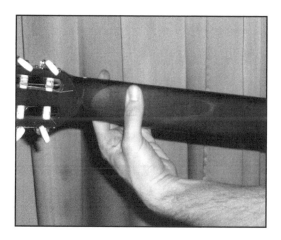 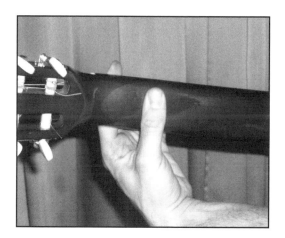

GYAKORLATOK

CD 1. gyakorlat

Az „**A**" hangot a g-húr 2. bundjánál fogjuk le:

Az ismétlőjelek között szereplő részt újra el kell játszanunk.

Az előbbi gyakorlatot ekképpen is lekottázhatjuk:

CD 2. gyakorlat

2/a

Ha csak 1 ismétlőjelet találunk, az azt jelenti, hogy a számot az elejéről kell megismételnünk.
Ne feledjük: a basszushúrokat a hüvelykujj pengeti, a többi esetben váltott ujjpengetést
használunk! A jobb kéz pengetéséről szóló rész a 43. oldalon található.

2/b

CD 3. gyakorlat

Ismétléskor az 1. kapu alatti hangok helyett a 2. kapuval jelölt dallamot kell játszani!

GYAKORLATOK

CD 4. gyakorlat

Ekképpen is lejegyezhetjük a gyakorlatot:

CD 5. gyakorlat

CD 6. gyakorlat

Játsszuk el a gitáron képezhető főbb, nem módosított hangokat emelkedő sorrendben, a legmélyebb hanggal kezdve játékunkat!

A nem módosított hangokat a tabulatúrán a következő helyeken találhatjuk meg:

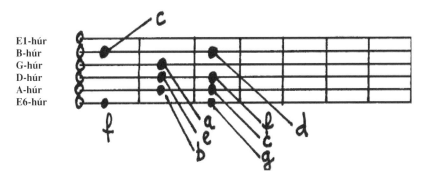

A o azt jelenti, hogy az üres húrokat kell pengetni.

Ujjainkat merőlegesen rakjuk a gitár húrjaira a különböző bundok (más néven érintők) közötti területre nagyjából középen! Minden érintőterülethez egy-egy meghatározott ujjunk kerül majd.

© 2005 Pelyhe Róbert   17   Swan gitáriskolája

GYAKORLATOK

Amerikai kotta:

A magyar kotta szerint:

Amint látjuk a magyar hangsor 1 hangban különbözik az amerikaitól. Amit a magyarban h-nak hívunk, azt az angolban b-nek. Ez utóbbi logikusabb is, hiszen a hangjegyek magasságuknak megfelelően az abc egymás utáni betűiről kapták a nevüket.

Mi az amerikai kottát használjuk.

Mi a hangsor vagy skála?

Ha egy dallam különböző magasságú hangjegyeit sorrendbe állítjuk, hangsort kapunk.
A fenti ábra alapján a c-től c-ig elrendezett hangok sora a törzshangsor. Az egyes hangokat törzshangoknak nevezzük.

Oktáv = octave = 8va

Ha a fenti példát megnézzük, jól látható, hogy ebben a hangsorban minden 8. hang megegyezik egymással. Ezért azt a távolságot, amely során az alaphangtól számított 8. hang megegyezik az alaphanggal, oktávtávolságnak nevezzük.

A hangról indított skála   oktáv   *D* hangról indított skála   oktáv

ujjaink helyzete a tabulatúrán:

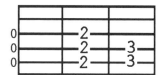

GYAKORLATOK

CD 7. gyakorlat

Játsszuk el a következő skálákat oda-vissza!

ujjaink helyzete a tabulatúrán:

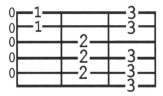

A tabulatúrás jelölésnek másfajta módjai is léteznek:

CD 8. gyakorlat

Emlékeztető: a tabulatúra számai azt jelzik, hogy hányadik bundnál kell lefogni a gitáron a húrt. A ritmust a kottából kell kiolvasni.

Azt tudtad, hogy…………..?   „Hotel California"

A szám ritmikáját tekintve reggae stílusú, de zeneileg spanyol. Ez egy latin-reggae dal, amit Don Henley érdekes mexikói színezetű hangja tesz egyedivé. A dal a Dél-Kaliforniára jellemző kicsapongó életvitelről szól. Arról szól, hogy élj egészségesen, ésszel, és ne drogozzál túl sokat. Joe Walsh gitáros a csapat többi tagjával 1 teljes évig gyakorolta a számot, és már annyira utálták, hogy álmukban visszafelé is le tudták játszani. A végső felvételig háromszor kellett megvágni a számot.

GYAKORLATOK

CD 9. gyakorlat

Én a kottát speciális módon szoktam ötvözni a tabulatúrával a ritmus gyorsolvasásának megkönnyítésére (9.gyakorlat):

A gyakorlás metódusa ritmusfejlesztéssel + játék pengetővel

A most következő gyakorlatokat először ritmusuk szerint tapsoljuk el, s csak utána fogjunk neki a pengetésnek!

Pengetés: a pengetőt a jobb kéz hüvelyk- és mutatóujja közé fogjuk. A hüvelykujj hátul középen van, a mutatóujj pedig elöl, kicsit ferdén áll. A pengetőt középerős fogással vegyük kézbe! Ezután egyszer le, azután felfelé pengessük a gitár húrját! Ez a váltottpengetés.

A lefelé pengetés jele: ⊓   A felfelé pengetés jele: **V**

A gyakorlatokat néha két tempóban mutatom meg, esetenként három gyorsasággal is. A gyorsabb tempókat csak akkor válasszuk, ha már a leglassabb tempójú gyakorlatot minimum 30-szor egymásután hibátlanul és kotta nélkül, azaz fejből le tudjuk játszani, anélkül hogy a balkézre néznénk. (Ez nem vicc!!)

GYAKORLATOK

Nézzünk meg egy Dire Straits koncertet DVD-ről, hogy tisztában legyünk azzal, hogy a legnagyobb gitárosok mennyire birtokolják hangszerüket és zeneelméleti tudásukat!
A koncertképes művészi játék elérésére napi 4 óra gyakorlásra van szükség fél éven keresztül.

Ezt a szintet aprólékos, precíz tanulással érhetjük el. Ennek a gitáriskolának az a célja, hogy ezt a képességet fejlessze ki bennetek azáltal, hogy metronómra mutatja meg a gyakorlatokat különböző gyorsaságú tempóban, kiegészítve ezt a megfelelő zeneelméleti irányítással.
A metronóm helyett a szintetizátorok dobgépe is használható ritmusfejlesztésre.

CD   10. gyakorlat (1. variáció)

II. fekvés

CD   11. gyakorlat (2. variáció)

PO = pull off = lehúzás (nem azonos az átkötéssel, amikor ugyanolyan magasságú hangokat kötünk át).

Ha a kötővonal fölött vagy alatt PO jelzést látunk, akkor először megpendítjük a kiinduló hangot (**c**) úgy, hogy utána a bal kéz ujját (amivel a kiinduló hangot lefogtuk) az alatta található húrra húzzuk rá egy pillanatra, de utána gyorsan a levegőbe emeljük azt.

Természetesen csak úgy fog megszólalni az azutáni hang (**b**), ha azt előre lefogjuk, és ott tartjuk a húron a lehúzás pillanatáig. Jelen esetben a **c** hang mellé a **b** hangot is lefogjuk, majd a húr megpendítése után a **c** hangon lévő 3-as ujjunkat ráhúzzuk a d-húrra, és a levegőbe emeljük. Ez egy pillanatnyi mozdulat, amely során a **b** hangon lévő 2-es ujjunk mindvégig a helyén marad. Ezt a hangot (**b**) még egyszer már nem pengetjük meg!

GYAKORLATOK

CD 12. gyakorlat (3. variáció)

H = Hammer = kalapács, kalapálni.

A kiinduló hangot először megpengetjük, majd érzés szerint erősen vagy gyengéden ráütünk a következő hangra. Ilyenkor a második hangot nem pengetjük meg, hiszen a pengetést a „hammer", azaz a kalapálás helyettesíti.

Kötött ritmus / ismétlőjelek / lassítás-gyorsítás / hangsúlyos helyek

Ha a kottában ellenkezőleg nem jelöljük, akkor a ritmust mindig precízen be kell tartanunk.

CD 13/a gyakorlat

Az átkötéseket a tabulatúrán is be kell jelölni, a nyújtott ritmust és a szüneteket viszont nem.

CD 13/b gyakorlat

A Ritardando (Rit.) azt jelenti, hogy az ez alatt lévő részt lassítva kell játszani. A ritmus a 13/a gyakorlathoz képest kicsit lassabb lesz. Ezt a fajta lassítást lehet alkalmazni számok, illetve szólók befejezésénél (ha az egybeesik a szám végével is), vagy akkor, ha kicsit más jellegű rész következik a számban. Ilyenkor a ritardando-nak kiemelő szerepe van. A hangulat fokozása érdekében is alkalmazhatjuk, mielőtt visszajön az eredeti tempó.

 Swan gitáriskolája

GYAKORLATOK

14. gyakorlat

A ritardando ugyanazt az érzést kelti, mintha ekképpen kottáztuk volna le a darabot, azzal a kivétellel, hogy itt ragaszkodnunk kell az eredeti ritmushoz:

CD 15. gyakorlat

Gyakoroljunk ki **triolák**at is:

Ne feledjük: kötelező a 3-as szám kirakása a ritmusképlet fölé, ha triolákat írunk le.

A 2. ütemben a harmadik negyedre tizenhatodokat játszunk. Mivel ezek nem triolák, ezért gyorsabb tempóban szólalnak meg. Utána azonban megint triolák következnek, így ismét lassabb tempót fogunk játszani.

GYAKORLATOK

Hangjegymódosító jelek és a feloldójel

A kereszt ♯ előjegyzés azt jelenti, hogy az utána álló hangot félhanggal magasabban kell játszani. A feloldójel ♮ mindig az eredeti hangmagasságot állítja vissza, azaz megszünteti a hang felemelt vagy lecsökkentett jellegét.

Ha egy kereszt előjegyzés van a violinkulcs mellett kirakva, akkor a gitáron az eddig lefogott **f** hang helyett **fisz**-t kell játszani, tehát az ujjrend megváltozik. A fisz hangot a d-húr negyedik bundjánál fogjuk le kisujjal, amennyiben I. fekvésben vagyunk. Más fisz hangok a gitáron: e-húrok második bundjánál. Ezeket 2-es ujjal kell lefogni.

CD 16 /a gyakorlat: Play forever

GYAKORLATOK

Hangjegymódosító jelek és a feloldójel (folytatás)

A kereszt ♯ előjegyzést az egyes hangok elé is kitehetjük. Ilyenkor azoknak fél hanggal emelkedik magasságuk, így a nevük a kottában e szerint változik meg:

Magyar kottában:		angol kottában:

Kiinduló hang:		emelt hang:			
A	→	AISZ (A♯)	A	→	A♯
H	→	HISZ (H♯)	B	→	B♯
C	→	CISZ (C♯)	C	→	C♯
D	→	DISZ (D♯)	D	→	D♯
E	→	EISZ (E♯)	E	→	E♯
F	→	FISZ (F♯)	F	→	F♯
G	→	GISZ (G♯)	G	→	G♯
A	→	AISZ (A♯)	A	→	A♯

A gitáron ez így néz ki:

Az **e** és az **f** hangok között csak félhang (=1 bund) távolság van. Így, ha az **e** hang értékét emeljük, akkor **eis**-t kapunk. Ezt a hangot pedig ugyanazon a helyen kell lefogni, ahol az **f** hangot, tehát a két különböző nevű hang magassága megegyezik egymással.
Ezt más néven **enharmóniának** nevezzük.

CD 17. gyakorlat

Játsszuk el a gitáron az I. fekvésben képezhető hangokat emelkedő sorrendben félhangonként!

folytatás a másik oldalon

© 2005 Pelyhe Róbert   25   Swan gitáriskolája

GYAKORLATOK

A ♭ előjegyzés (bé)

A ♭ lefelé módosítja, fél hanggal csökkenti a hangjegy értékét. A gitáron az eddig lefogott hangot 1 bunddal arrébb, balra kell lefogni. Ilyenkor is megváltoznak a hangok nevei.

Magyar kotta szerint:			angol kottában:		
Kiinduló hang:	**csökkentett hang:**				
A	→	Asz	(A♭)	A	→	A♭
H	→	Bé	(B)	B	→	B♭
C	→	Cesz	(C♭)	C	→	C♭
D	→	Desz	(D♭)	D	→	D♭
E	→	Esz	(E♭)	E	→	E♭
F	→	Fesz	(F♭)	F	→	F♭
G	→	Gesz	(G♭)	G	→	G♭
A	→	Asz	(A♭)	A	→	A♭

A gitáron ez így néz ki:

CD 18. gyakorlat

Mivel az **e** és az **f** valamint az angol **b** és **c** hangok között csak félhang távolság van, itt is megfigyelhetjük, hogy **ces = b (zárójeles hang)**, és **fes = e (zárójeles hang)**.

26   Swan gitáriskolája

GYAKORLATOK

CD 19. gyakorlat

Játsszuk el a gitár hangjait félhangonként csökkenő sorrendben, kezdve az „A" hanggal.

Ha a violinkulcs mellett van kirakva

♯   - akkor minden ütemben emeli az adott hangjegy magasságát, egészen addig,

amíg feloldójelet ♮ nem alkalmazunk. A feloldójel azonban csak abban az ütemben állítja vissza a hang normál magasságát, amelyikben kitettük.

♭   - akkor minden ütemben csökkenti az adott hangjegy értékét, a feloldójel ♮ alkalmazásáig. A feloldójel hatása itt is csak az ütem végéig tart.

CD 20. gyakorlat

Kis gyakorlat

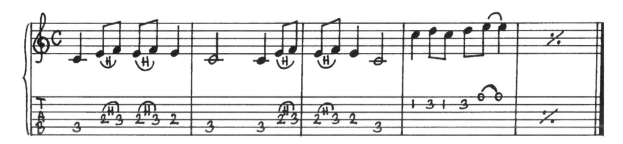

GYAKORLATOK

A nyújtott ritmus gyakorlása

a)

b)

c)

d)

Gyakoroljuk a nyújtott ritmust úgy is, hogy az „A" és az „E" hangot oktávban is megfogjuk!

e)

GYAKORLATOK

f)

g)

Ne feledd: ismétlés után az 1. kapu alatti hangok helyett már a 2. számút játsszuk!

h)

A korona

Hangjegyünk időtartamát a korona is megnövelheti. Az olyan hangot, amely fölött korona van, tetszés szerinti időértékben kell hosszabban játszani. Szünetjel fölé is rakhatunk koronát.

A korona jele:

Találós kérdések (saját viccek):

Melyik számban van a legtöbb korona?   A „király" számban.

Melyik a leghosszabb fekvés?   A lefekvés.

         Swan gitáriskolája

GYAKORLATOK

Hangsúlyok, hangsúlyos helyek, a II. és a III. fekvés

CD 21. gyakorlat

A most következő gyakorlatban az I. fekvésből a III.-ba megyünk át.

A fenti ábrán a hangsúlyos helyek fölé **>** jelet tettem. Amint látjuk és halljuk minden négyes ütem 1. és 3. negyede hangsúlyos, ahogyan azt a nyilakkal jelöltem. Ennek az a magyarázata, hogy minden ütem főhangsúllyal kezdődik (ahogy a vastag nyilak is mutatják) függetlenül az ütemmutatótól. Ezenkívül a 4/4-es ütem harmadik negyede kap még főhangsúlyt. Az ilyen ütem 2. és 4. negyede kevésbé hangsúlyos, azokon csak mellékhangsúly van.

A kevésbé hangsúlyos helyeken játszhatunk tizenhatodokat vagy harminckettedeket is. Ilyenkor azoknak az első és harmadik hangjára esik a mellékhangsúly:

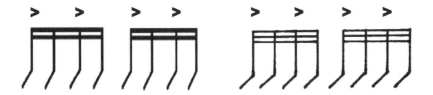

Az előző gyakorlatot II. fekvésben is játsszuk el, de most kalapálás ("hammer") nélkül!

A különféle fekvések meghatározásánál arról van szó, hogy kiinduló helyzetben mutatóujjunkat melyik bund fölé helyezzük el középre és a húrokra merőlegesen.

A különböző fekvéseket római számokkal írjuk: **II.   IV.   V.   VII.**

GYAKORLATOK

A fekvésben való játéknál az ujjrendek nem térhetnek el a megadott fekvéstől, kivétel egy félhang lépésig jobbra (4-es ujjal) vagy balra (1-es ujjal), de az azt követő hangot már ismét a megadott fekvésben kell játszanunk. Persze más a helyzet, ha fekvést váltunk. A fekvésváltást azonban mindig római számmal jelöljük a kottánkban! Így könnyebben tudunk majd megtanulni gitározni, illetve megjegyezni azt, hogy melyik fekvésben milyen szólók játszhatók.

A fekvések jelölése:

Ujjaink helyzete a II. fekvésben a gitáron: és a VII. fekvésben:

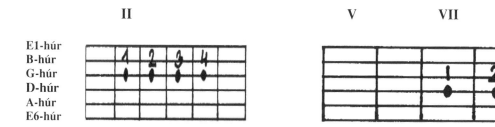

CD 22. gyakorlat

<u>Az előke</u>

GYAKORLATOK

Az előke a zenei díszítés egyik eleme.

Játszása: az előke hangját megpendítjük és a következő hangra rákalapálunk. Ezt a hangot még egyszer már nem pengetjük meg. Példa:

Az előke egy hirtelen beszúrt hangjegy a kottában. Ezért gyorsan kell pengetni, mivel az utána következő hangjegy értékét nem csökkentheti.

Kis darabok gyakorlása

CD 23. gyakorlat

CD 24. gyakorlat

GYAKORLATOK

CD 25. gyakorlat

Slide

A „**slide**", azaz **csúszás**.
Játsszuk el a 21. gyakorlat másik változatát úgy, hogy az I., II. és III. fekvésekben mozgunk!

GYAKORLATOK

A csúszás (slide) a kifinomult játék másik díszítő eleme.

Képzése:

Azt a hangot, ahonnan a csúszást indítani akarjuk, megpengetjük, majd a lefogott ujjunkat tovább csúsztatva a húron (a csúszás irányának megfelelően lefelé vagy felfelé) elérkezünk a kívánt hanghoz. Ezt a hangot még egyszer már nem pengetjük meg. A csúszással egyben fekvésváltás is történik.

Néma csúszás = Fekvésváltás

Néma csúszáskor mindkét hangot pengetjük, de mivel a csúszás itt nem hallatszik, ezért nem teszünk slide jelet a kottába (⸺s⸺), hanem fölé írjuk a fekvések számát. Innen tudjuk meg, hogy a fekvésváltásnál tulajdonképpen néma csúszásról volt szó.

Néma csúszás

GITÁRHANGOLÁS / DÚR ÉS MOLL SKÁLÁK

Nézzük meg a gitáron lefogható összes hangot a XII. fekvésig, félhangonként lépkedve!

	I		III		V		VII		IX	X		XII
E	F	Fis	G	Gis	A	Ais	B	C	Cis	D	Dis	E
B	C	Cis	D	Dis	E	F	Fis	G	Gis	A	Ais	B
G	Gis	A	Ais	B	C	Cis	D	Dis	E	F	Fis	G
D	Dis	E	F	Fis	G	Gis	A	Ais	B	C	Cis	D
A	Ais	B	C	Cis	D	Dis	E	F	Fis	G	Gis	A
E	F	Fis	G	Gis	A	Ais	B	C	Cis	D	Dis	E

Amint látjuk	E6-húrt az	5. bundnál lefogva	A hang szólal meg (= üres A-húr),
	A-húrt az	5. bundnál lefogva	D hang szólal meg (= üres D-húr),
	D-húrt az	5. bundnál lefogva	G hang szólal meg (= üres G-húr),
	G-húrt a	4. bundnál lefogva	B hang szólal meg (= üres B-húr),
	B-húrt az	5. bundnál lefogva	E hang szólal meg (= üres E1-húr),
	E1-húrt az	5. bundnál lefogva	A hang szólal meg.

GYAKORLATOK

A hangolás után érdemes gitárunkat ellenőrizni, az előbb említett módon.

A hangolás történhet a zongora vagy szintetizátor „**A**" hangja után is, vagy hangológép segítségével. Ez utóbbi nem mindig ad eredményes hangolást, sokszor fül útján utána kell hangolni a gitárt.

A gitár üres húrjainak hangjai az V., VII., és a XII. fekvésben is megtalálhatók. Ezért ezek a fekvések kiemelten fontosak lesznek nekünk a szólók felépítésében, mert megkönnyítik a mozgást a gitár nyakán.

Írjuk föl az előző táblázat segítségével a c-től c-ig terjedő törzshangsort (nem módosított hangokkal vagy más néven törzshangokkal) és nézzük meg, hogy a hangsor egyes fokai között mekkora távolság van!

Jól látható, hogy a **b** és a **c**, valamint az **e** és az **f** hangok között ½ hang (1 bund) távolság van, a hangsor többi nem módosított hangja között 1 egészhang (2 bund) távolság van.

Ez az elrendezés (1 1 ½ 1 1 1 ½) a dúr hangsor alapja, ezért ezt dúr hangsornak, vagy dúr skálának nevezzük. A dúr név egy erőteljesebb érzésre utal, és nem enged meg elérzékenyülést.

A C hangról indított dúr hangsor neve: C-dúr skála. A C-dúr skálában a „**B**" hang vezetőhang. Vezetőhangnak vagy vezérhangnak nevezünk minden hangot, amely a skála VII. fokán van és félhangnyira áll az alaphang alatt.

Feladat: Az elrendezés elve szerint keressük ki a G-dúr skála hangjait a tabulatúrából!

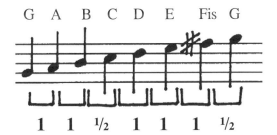

GYAKORLATOK

Jól látható, hogy a skála VII. fokán fisz áll, amely vezetőhang. Az egyszerűség miatt elég, ha a kottában a violinkulcs mellé kirakunk egy zászlócskát, ami azt jelenti, hogy bárhol a skála hetedik hangjával találkozva fis-t kell játszanunk. Kivétel: ha módosító jellel visszacsökkentjük a felemelt hangot.

Most írjuk föl az a-tól a-ig terjedő, nem módosított hangokból álló hangsort, és keressük ki a tabulatúrából, hogy a szomszédos hangok mekkora távolságra vannak egymástól!

Itt a következő elrendezést kapjuk: 1 ½ 1 1 ½ 1 1
Az ilyen elrendezésű skálát természetes moll skálának nevezzük. Az „A" hangról indított moll skála neve: A moll skála. Jelölése: Am

A moll név valami lágy érzést, finomságot, elérzékenyülést tükröz. Nem véletlen, hogy a megható szerelmes dalokban nagyon sok moll **akkord** található.

Mi az akkord?

Legalább 3 különböző magasságú hang együttes megszólalását **akkord**nak vagy **hangzat**nak nevezzük. Bővebben lásd az 50. oldalon.

A természetes moll skála hetedik hangját fel is emelhetjük ½ hanggal ekképpen:

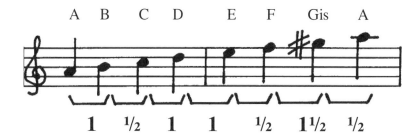

Az ilyen elrendezésű skálát (1 ½ 1 1 ½ 1½ ½) összhangzatos vagy harmonikus moll skálának nevezzük.

GYAKORLATOK

A ½ hanggal történő felemelésre azért van szükség, mert ekképpen „harmonikusabb" elrendezést kapunk. Ez azt jelenti, hogy az alaphangra történő ½ hang lépéssel jobban kifejezésre juttatjuk, hogy ismét az alaphang fog dominálni, vagy más szóval uralkodni. Erre azért van szükség, mert minden dal alapvető követelménye, hogy egy idő után újra az alaphangé legyen a főszerep a dalban, ezáltal lesz megnyugvás a hallgatóban.

A harmonikus moll skála VII. fokán lévő hangot az előbb említett okokból vezető hangnak is nevezzük.

Az „A" hangról indított harmonikus skálát is A moll skálának nevezzük. A jele: Am

Írjunk fel más természetes és harmonikus moll skálákat a megfelelő elrendezések alapján:

Természetes moll skálák:	Harmonikus moll skálák:

Em skálák

Fis   Fis   Dis

Em skálák rendezve

E Fis G A B C D E   E Fis G A B C Dis E

Bm skálák

B Cis D E Fis G A B   B Cis D E Fis G Ais B

Fism

Fis Gis A B Cis D E Fis   Fis Gis A B Cis D Eis Fis

Cism

C♯ D♯ E F♯ G♯ A B C♯   C♯ D♯ E F♯ G♯ A B♯ C♯

GYAKORLATOK

Néhány **dúr skála**, amely ♯ előjegyzést tartalmaz:

G

G A B C D E Fis G

D

D E Fis G A B Cis D

A

A B Cis D E Fis Gis A

E

E Fis Gis A B Cis Dis E

B

B Cis Dis E Fis Gis Ais B

GYAKORLATOK

Mivel különböző nevű hangokból kell hogy álljon a hangsor (A, A♯, C helyett használjunk A, B♭, C-t), ezért a lefelé módosító jelet (♭-t) is kell néha használnunk.

A A♯ C   →   A B♭ C

A lefelé módosított hangokat a következőképpen jeleníthetjük meg a gitáron:

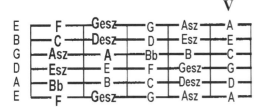

Gyakorlat: írjunk fel olyan moll és dúr skálákat, amelyekben ♭ módosított hang vagy hangok szerepelnek!

Természetes moll skálák: **Harmonikus moll skálák:**

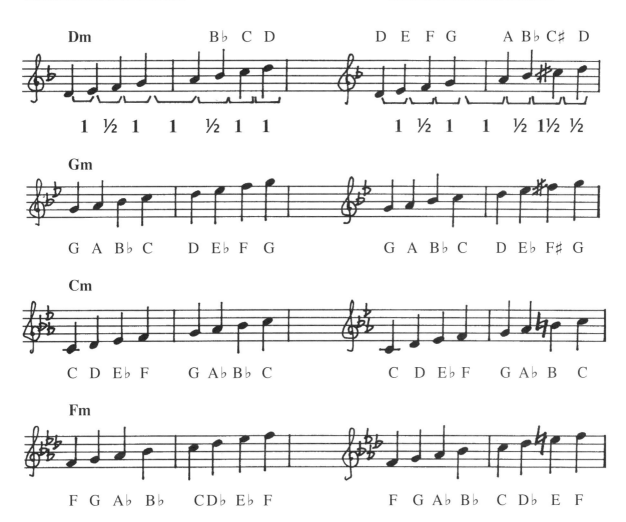

GYAKORLATOK

Néhány **dúr skála**, amely ♭ előjegyzést tartalmaz:

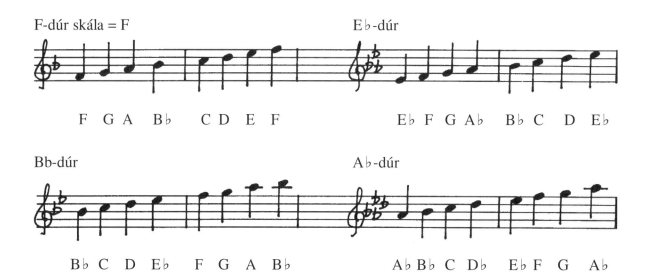

F-dúr skála = F

F G A B♭ C D E F

E♭-dúr

E♭ F G A♭ B♭ C D E♭

Bb-dúr

B♭ C D E♭ F G A B♭

A♭-dúr

A♭ B♭ C D♭ E♭ F G A♭

Megjegyzés: a kotta fölé elég csak nagy F betűt tenni, ahhoz, hogy tudjuk, hogy F-dúr skálával van dolgunk. Moll skála esetén pedig elég az Fm jelzést alkalmazni.

Amint az előző példákból látjuk, az F-dúrban ugyanaz a módosított hang szerepel, mint a Dm-ban (D természetes moll). Ugyanazon hangokból állnak, csak más alaphangról indítjuk el a skálát.

Ezért azt mondjuk: az F-dúr párhuzamos mollja a Dm. Mivel a **d** és az **f** hangok között kis terc hangköz van (3 bund), ezért most állapítsuk meg minden dúr akkord párhuzamos mollját akképpen, hogy lefelé számolunk egy kis tercet! Segítségképpen használjátok a tabulatúrát vagy nézzétek meg a 47. oldalt a hangközökről!

F	/	Dm		C	/	Am
---	---	-----		---	---	-----
B♭	/	Gm		G	/	Em
E♭	/	Cm		D	/	Bm
A♭	/	Fm		A	/	F♯m
D♭	/	B♭m		E	/	C♯m
G♭	/	E♭m		B	/	G♯m
C♭	/	A♭m		F♯	/	D♯m
				C♯	/	A♯m

GYAKORLATOK

Az előző oldal bal oldalán azok az akkordok szerepelnek, amelyek ♭-t tartalmaznak.

Az F-dúr 1 ♭-t tartalmaz, így annak párhuzamos mollja, a Dm is 1 ♭-t tartalmaz. A B♭-dúr akkord 2 ♭-t tartalmaz, így annak párhuzamos mollja, a Gm is, és így tovább.

A jobb oldalon azokat a dúr és moll akkordokat írtam fel a C-dúr és az Am mellett (ezek nem tartalmaznak módosított hangokat), amelyek ♯ előjegyzést tartalmaznak. A G-dúr és annak párhuzamos mollja, az Em akkord 1 ♯ előjegyzést tartalmaznak. A D-dúr és a Bm 2 ♯ előjegyzést tartalmaznak és így tovább.

A C♭-dúrt sosem használjuk, helyette inkább a B-dúrt alkalmazzuk. Hasonlóképpen járunk el a C♯-dúr esetében is. Helyette a D♭-dúrt használjuk.

Ha az előző oldalon lévő akkordokat körbe rendezzük, akkor a következő ábrát kapjuk:

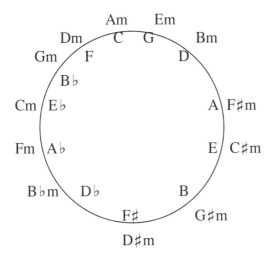

Ennek a neve kvintkör, mivel a különböző dúr és moll skálák (a keresztek növekvő és a ♭-k csökkenő számának megfelelően) ötödik hangja, zenei nyelven kvintje adja a következő dúr vagy moll akkord nevét.

GYAKORLATOK

Mielőtt továbbmegyünk a gyakorlatokkal, ismerkedjünk meg a **dallamos** vagy más néven **melodikus moll** skálával is!

A melodikus moll skálákat úgy kapjuk meg, hogy a természetes moll skálák hatodik és hetedik hangját felemeljük egy fél hanggal.

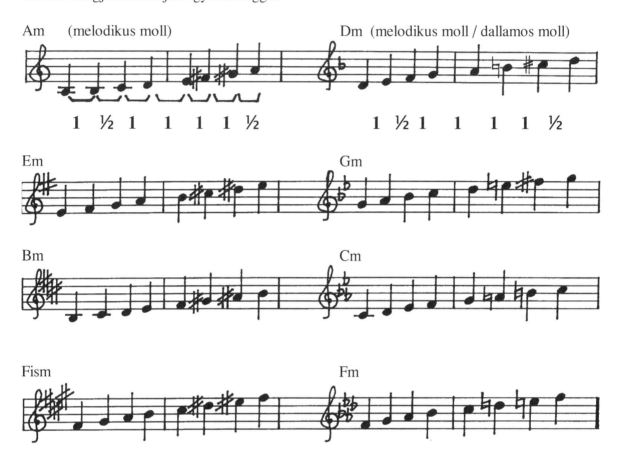

Fontos tudni: Fölfelé a melodikus vagy dallamos moll skála 6. és 7. hangja felemelt, visszafelé azonban megegyezik a természetes mollal:

Azt is érdemes tudni, hogy ritkábban használnak természetes moll skálát fölfelé, helyette inkább a harmónikus moll skálát vagy a melodikus moll skálát használják.

Amikor egy számot írtok, akkor ne akarjátok mindenáron skála fölmenettel és lemenettel teletűzdelni a darabot, mert nem az a jó zene, amiben sok skála van. Igaz, hogy a jó szóló felépítéséhez ismernünk kell a különböző skálatípusokat (pl. Skála Budapest Nagyáruház vagy Skála Metro – ezt viccnek szántam), de túlzott alkalmazásuk nagyon elméletivé teszi a számot. Inkább a „feeling"-re törekedjetek.

GYAKORLATOK

Moll és dúr gyakorlatok a gitáron

CD **26. gyakorlat**   **Em** gyakorlat

A háromujjas játék

Játsszuk el a következő gyakorlatot II. fekvésben először pengetővel, majd a jobb kéz ujjaival! Az indítóhangot a bal kéz mutatóujjával fogjátok le!

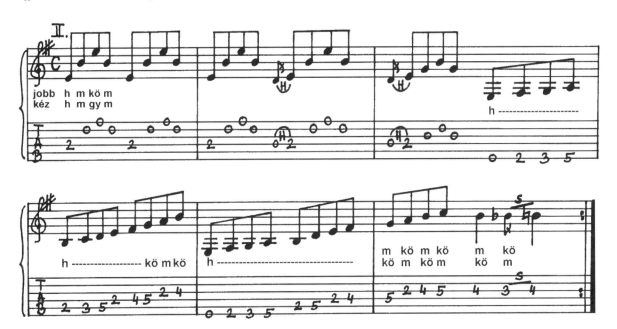

A jobb kéz szerepe a pengetésben:

Betűjeles rövidítése:

Jobb kéz:	hüvelykujj:	**h**
	mutatóujj:	**m**
	középső ujj:	**kö**
	gyűrűsujj:	**gy**
	kisujj:	**k**

Akár három, akár négyujjas pengetésről beszélünk, fontos először jól emlékezetbe vésni az előző gyakorlatot.

A jobb kéz ujjainak használata:

- a jobb kéz hüvelykujja az E(6), A és D basszushúrokat pengeti,
- a jobb kéz hüvelykujja skáláknál a g-húrt is pengetheti, ha a skálát a g-húrról indítjuk el, illetve ha játékunk az első három húrra orientálódik (E1, B, G).
- a háromujjas pengetésnél az első három húrra a mutató és középső ujjunk jut. Ilyen esetekben csak annyit kell megjegyezni, hogy a mutató és középső ujjunk mindig felváltva pengetik egymást. Hasonlóképpen járunk el, amikor a középső ujjunk kimarad a játékból és szerepét a gyűrűsujjunk veszi át, amint azt a fenti gyakorlat első sora mutatja. Ilyenkor is váltott pengetést kell használni.

GYAKORLATOK

A négyujjas játék

Négyujjas játék esetén ragaszkodjunk a következő sémához:

- a mutatóujjunk a G-húrt,
- a középső ujj a B-húrt,
- a gyűrűsujj pedig az E(1)-húrt pengeti.
- A hüvelykujj szerepe itt sem változik: az E, A, és D-húrt pengeti.

CD   27. gyakorlat

Azt tudtad, hogy…………..?   „House of the Rising Sun"

A szám egy Jakab korabeli (1603-1625) népdal, ami egy bordélyházról szólt a Soho-ban.
Az emigránsok vitték Amerikába, ahol az Appalache-hegység környéki népdal lett. Először 1962-ben Bob Dylan adta ki első albumán akusztikus verzióban. Ez a verzió inspirálta Alan Price-t és csapatát, az Animals-t, hogy elektromos hangzással vegyék fel a számot. Ugyanazt az akkordszekvenciát használták, amit Dylan. A dalt a banda együtt dolgozta ki, mégis a lemezen Alan Price elrendezéseként szerepel. A menedzser szerint nem volt elég hely, hogy mindenki nevét kiírják. Amint a jogdíj után járó első csekkfizetést megkapta, Alan Price kilépett a bandából. Később Bob Dylan-nek nagyon megtetszett a „Price verzió" és ez inspirálta, hogy utána elektromos gitárt fogjon a kezébe.

GYAKORLATOK

A gyorsított tempó

A gyors tempóra nemcsak a ritmussal, hanem a kottában történő jelöléssel is utalhatunk

ekképpen: ¢

Ilyenkor a 4/4 lüktetésű darabunkban minden hangjegy a felét éri, azaz automatikusan gyorsabban kell játszanunk a darabot. Figyeljünk a tempóra! Minden ütemben csak kettőt számolunk.

16 /b. gyakorlat   Gyorsított tempóval így néz ki a 16/a **gyakorlat:**

Play forever

GYAKORLATOK

CD 28. gyakorlat

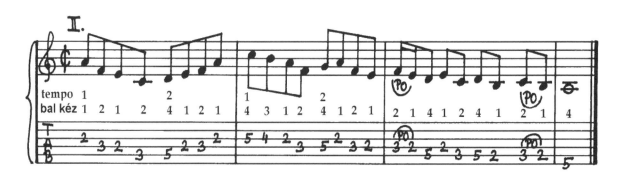

CD 29. gyakorlat

3.ütem 2.verzió:

GYAKORLATOK

A hangközök

Két egymás után vagy egyidejűleg megszólaló hang egymástól való távolságát hangköznek nevezzük. Eddig 2 hangközt érintettünk futólagosan, az oktávot és a kvintet. Nézzük meg egyenként a hangközöket!

A hangközöket aszerint neveztük el, hogy hány félhangtávolságra vannak egymástól a hangok.

Prím: a két hang között nincsen távolságkülönbség.

Kis szekund

Nagy szekund

Kis szekund távolságnak nevezzük azt, amikor a hangok között csak ½ hang távolság van. Például az *e* és az *f* között vagy a *b* és a *c* között, ahogy a tabulatúrán is látható, csak ½ hang távolság van (=1 bund).

A nagy szekund esetében a két hang 2 félhanglépésre (= 2 bund távolságra) van egymástól. Példa: az **e** és **fis**, az **a** és a **b**, vagy a **c** és a **d** között nagy szekund távolság van.

Kis terc

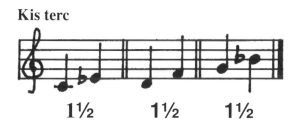

Nagy terc

Kis terc: a hangok 3 félhang távolságra vannak egymástól.

Nagy terc: a hangok 2 egész távolságra vannak egymástól (= 4 bund).

Tiszta kvart: 2 ½ távolság

szűkített kvint / bővített kvart

3 egész távolság

GYAKORLATOK

Tiszta kvint: 3 ½ távolság

kis szext: 4 egészhang távolság

Nagy szext: 4 ½ távolság

kis szeptim: 5 egészhang távolság

Nagy szeptim: 5 ½ távolság

oktáv: 6 egészhang távolság

Azt tudtad, hogy…………..?   „American Pie"

Nem érted, hogy miről szól az Amerikai Pite c. szám? Nem baj, mert nem csak te vagy ezzel így. Nagyon is rejtélyes, hogy miről szól a dal, ami Don McLean szerzeménye. Ő általában beszédes ember volt, de amikor a szöveg értelméről faggatták, akkor vagy kitért a válasz elől, vagy csak ennyit mondott: „Azt jelenti, hogy nem kell dolgoznom, ha nem akarok."
Ezzel a mondatával arra a szabadságérzetre gondol, ami az amerikai életformára oly nagyon jellemző.

A tények a következők. 1959. február 3.-án Buddy Holly Richie Valens-szel együtt repülőgép szerencsétlenségben életét vesztette. Buddy Holly halálával a zene is meghalt, mondta egyszer McLean. A dalszövegben ez áll:

> „The day the music died", „That will be the day that I die."
> „Aznap a zene meghalt." „Azon a napon halok meg én is."

Ezzel azt akarja kifejezni, hogy a zene valójában sosem hal meg, de mégis az embereknek nincs elég hitük ahhoz, hogy lássák a zene újraéledését. McLean tehát nem adott konkrét magyarázatot a dalszövegre. Egy biztos, a kritikusok még doktori fokozatot is adnának annak, aki a dalszöveg rejtett értelméről ír.

GYAKORLATOK

CD   30. gyakorlat

D.C. al Fine = A számot elölről kell kezdeni és játszani egészen a Fine feliratig.
Fine = Vége

CD   31. gyakorlat   tercgyakorlat II. fekvésben:

Ebben a gyakorlatban észrevehettük, hogy a mutatóujjunkat a d-húr pengetésére is felhasználtuk, ezáltal megkönnyítve gitárjátékunkat. A háromujjas játéknál igaz, hogy hüvelykujjunk a basszushúrokat pengeti (**E6**, **A** és **D**), de ez nem azt jelenti, hogy a mutató és a középső ujjal egyes esetekben (pl. skálagyakorlatoknál) nem mehetünk a **d** vagy **a-húr**ra. Csak szabályként ne vegyük azokat, azaz a legtöbb esetben a hüvelykujj szerepe kötött.

A **Coda** jel a zenei rész befejező szakaszát jelöli. Itt ismétlés után a Coda jelig kell menni és utána a befejező CODA részhez ugrunk.

GYAKORLATOK

A hangzat

Három vagy annál több különböző magasságú hang együttes megszólalását **hangzat**nak vagy **akkord**nak nevezzük. Ezeknek egyidejű pengetését akkordpengetésnek hívjuk.

A hangzatokat aszerint különböztetjük meg, hogy felépítésük alapján hány és milyen jellegű hangokból állnak.

Három hang megszólalása hármashangzatot, négyé négyeshangzatot, öté ötöshangzatot ad. Fajtájuk szerint lehetnek moll vagy dúr hármas-, illetve négyeshangzatok. Ezen kívül beszélhetünk szűkített vagy bővített akkordokról.

A hármashangzatok

Hogyan épül fel egy hármas-, vagy négyeshangzat?

1. lépés: írjuk fel a C-dúr skálát, illetve az Am (természetes moll) skálát:

C-dúr skála

Am skála:

2. lépés: vegyük ki mindegyik skálából a II., IV., és VI. fokon lévő hangokat!

Mi az a fok? A skála egymás utáni hangjait fokoknak is nevezzük.

A 2. lépés eredményeképpen megkapjuk a skála főbb hangjait, fontosabb „szereplőit":

A hármashangzatok hangjait a különböző skálák első, harmadik és ötödik fokára épülő hangok alkotják. Jellegük szerint beszélünk moll vagy dúr hármashangzatról.

GYAKORLATOK

Mivel az akkordban a hangok egyszerre szólalnak meg, ezért ekképpen írjuk fel őket:

C-dúr hármashangzat = C-dúr akkord = C   Am hármashangzat = Am akkord = Am

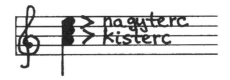

Amint látjuk a dúr hármashangzatoknál az alaphangra nagy tercet, arra pedig kis tercet építünk.

A moll hármashangzat esetében az alaphangra kis tercet, arra pedig nagy tercet építünk.

Nézzük meg tabulatúra segítségével, hogy a C és az Am főbb hangjai (alap, terc, kvint és szeptim) hol helyezkednek el a gitáron!

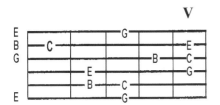
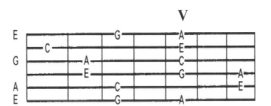

A következőképpen foghatjuk le ezeket a hangokat a gitáron:

C   C   Am   Am

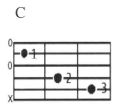
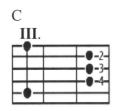
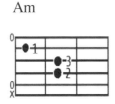
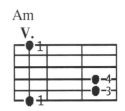

Az akkordpengetés

Játsszuk el ezeket az akkordokat határozott, de nem erőteljes pengetéssel pengetve!

A legmélyebb hangtól kezdjük a pengetést, és a legmagasabb felé haladjunk! A fenti ábrán látható x azt jelenti, hogy azt a húrt nem pengetjük meg.

    0 = üres húrt pengetünk
    x = nem pengetett húr
    1, 2, 3 = a bal kéz ujjrendje (mutató, középső, gyűrűs)

A bal kéz ujjai ne érjenek a másik húrhoz, csak ahhoz, amit lefognak!
Ezen kívül ügyeljünk arra, hogy az ujjak merőlegesen fogják le a hangokat, az érintők között nagyjából középen!

GYAKORLATOK

1. ábra:

Ez azt jelenti, hogy C-dúr akkordot kell lefogni és pengetni, amíg más akkordot fel nem írunk.

2. ábra:

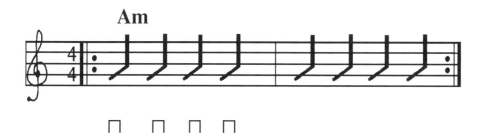

♩ = ez a jel akkordpengetésre utal. Azt mutatja, hogy a kottában fölötte lévő akkordot negyedritmusban pengetjük meg.

⊓ = lepengetés. Az akkordot közepes erővel, határozott mozdulattal lefelé pengetjük.

CD 32. gyakorlat

CD 33. gyakorlat

GYAKORLATOK

C
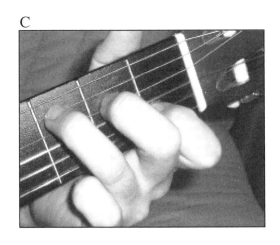

Am
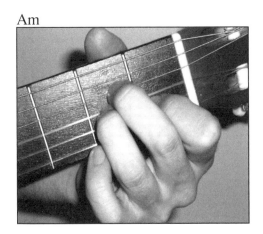

CD   34. gyakorlat

Játsszuk el váltott basszuspengetéssel a következő gyakorlatot Am-ban!

1. lépés:
- a balkéz ujjaival lefogjuk az Am akkordot,
- a jobb kéz ujjait az előre pengetni kívánt húrra, vagy kicsit a fölé helyezzük.
- a ritmusnak megfelelően megkezdjük a pengetést.

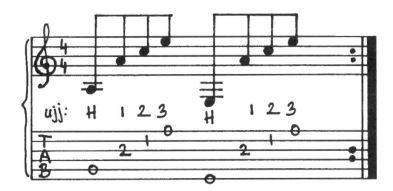

CD   35. gyakorlat

A következő gyakorlat könnyebb, mint amilyennek látszik. Am-t fogunk le, majd váltott basszuspengetéssel (2x eljátszva) haladunk a gitár nyakán először felfelé (jobbra) úgy, hogy minden ismétlés után a bal kezünket 1 bunddal arrébb csúsztatjuk (eközben az ujjrendet persze megtartjuk). Amint felértünk, vegyük visszafelé az irányt!

	III.	V.	VII.	IX.

GYAKORLATOK

CD **35. gyakorlat**

CD **36. gyakorlat**

Most ne csak egymás után pengessünk a jobb kézzel, hanem visszafelé is! A gyakorlatot az előbbihez hasonlóan játsszuk el!

 Swan gitáriskolája

GYAKORLATOK

Képezzünk és írjunk fel más dúr és moll hármashangzatokat C-dúrhoz és Am-hoz hasonlóan.

C-dúr skála és C-dúr hármashangzat:

C D E F G A B C

Cm skála és Cm hármashangzat:

C D E♭F G A♭B♭C

D-dúr skála és D-dúr hármashangzat

D E Fis G A B Cis D

Dm skála és hármashangzat:

D E F G A B♭C D

E-dúr skála és E-dúr hármashangzat:

E Fis Gis A B Cis Dis E

Em skála Em hármashangzat:

E Fis G A B C D E

F-dúr skála és F-dúr hármashangzat:

F G A B♭ C D E F

Fm skála és Fm hármashangzat:

F G A♭B♭C D♭E♭F

G-dúr skála és G-dúr hármashangzat:

G A B C D E Fis G

Gm skála és Gm hármashangzat:

G A B♭C D E♭F G

A-dúr skála és A-dúr hármashangzat:

A B Cis D E Fis Gis A

Am skála és Am hármashangzat:

A B C D E F G A

B-dúr skála és B-dúr hármashangzat:

B Cis Dis E Fis Gis Ais B

Bm skála és Bm hármashangzat:

B Cis D E Fis G A B

GYAKORLATOK

Képek akkordfogásokról:

D

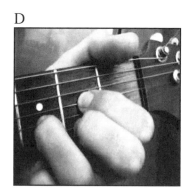

Dm

Dm

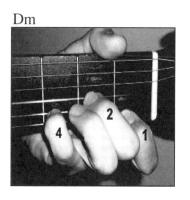

E

Swan

Em

F

gitáriskolája

Fm

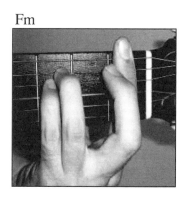

G

A

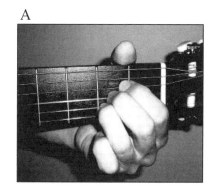

Bm

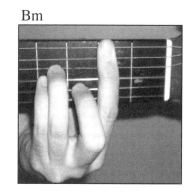

GYAKORLATOK

CD 37. gyakorlat

a)

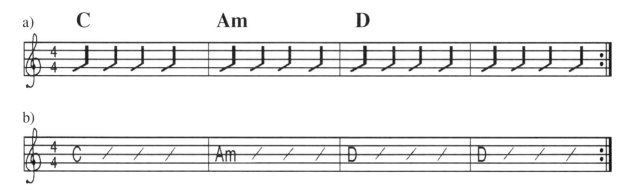

b)

A jelölés más, de ugyanúgy kell végrehajtani, mint az a) pontban lévő feladatot.

CD 38. gyakorlat

a)

b) most 2 gitárra írtuk meg az előző gyakorlatot. Az egyik játssza a harmóniát (akkordkíséretet), a másik a dallamot!

Játék 2 gitáron

Ha egy kottában dallamot látunk, fölötte egy akkorddal, pl. Am, akkor az azt jelenti, hogy a kísérőgitár Am akkorddal fog kísérni. A kíséret pengetési sémáját magunk választhatjuk meg.

Am   C   Dm   Am

Ebben a kis darabban tudjuk, hogy a kísérőgitár (ritmusgitár) a kotta fölött lévő Am, C és Dm akkordokat fogja le.

GYAKORLATOK

CD 39. gyakorlat

Ujjpengetés: váltott basszuspengetés C-dúr és G7 akkordkísérettel.

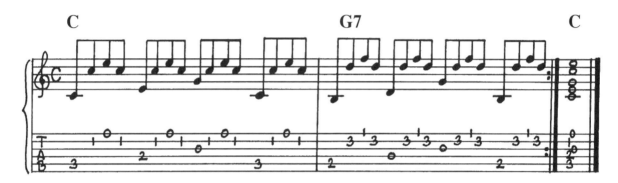

CD 40. gyakorlat

Gyakorlat basszuslépésekkel kombinálva

GYAKORLATOK

Akkordgyakorlás

CD 41. gyakorlat

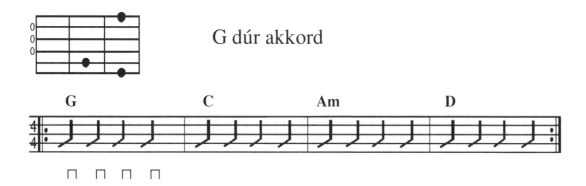

G dúr akkord

CD 42. gyakorlat

A visszapengetés (**V**)

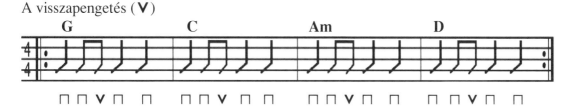

A visszapengetés határozott, laza mozdulattal történik. A pengetőt nem merőlegesen kell a húrokon visszahúzni, hanem kicsit srégen úgy, hogy a csuklónk a kézfejjel egy vonalban legyen. A mozgásba kicsit az alkar is besegít.

A pengető helyzete és iránya lefelé, és visszapengetésnél a hanglyuk felett: lásd 18. oldal.

CD 43. gyakorlat

A **„blank"** (kiejtése: blenk) = üres. (saját szóalkotásom az üres húrok pengetésére)

Visszapengetésnél, közvetlenül akkordváltás előtt **„blank"**-et kell játszani. Ez egy angol szó.
Azt jelenti, hogy a lefogott húrokról felemeljük a kezünket és az üres húrokat pengetjük.
A „blank"-re azért van szükség, mert máskülönben a bal kezünk nehezen és lassacskán tudná lefogni a következő akkordot. Az üres húrok visszapengetése a közepesen gyors tempó esetében már észrevehetetlen az akkordváltás előtt.

A **„blank"**-et főleg az akkordváltások előtti visszapengetésnél használjuk!

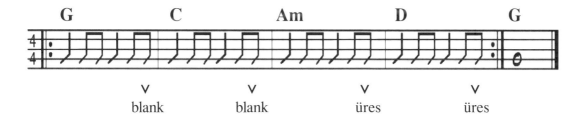

GYAKORLATOK

CD 44. gyakorlat

Gyakoroljuk ki a következő akkordváltásokat, és ne feledjük a váltások előtti „blank"-et!

CD 45. gyakorlat

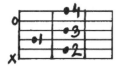   Tanuljuk meg a B7 akkordot!

CD 46. gyakorlat

a)

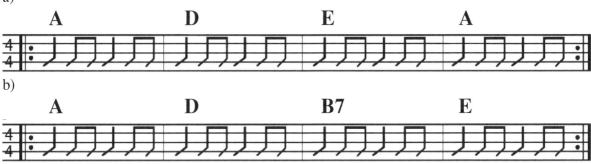

b)

Ne feledjük az akkordváltások előtti „blank"-et!

CD 47. gyakorlat

Tanuljuk meg az F-dúr akkordot 2 féle fogásrenddel!

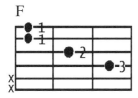   

GYAKORLATOK

Játsszuk el a következő gyakorlatokat, és ne feledkezzünk el a váltások előtti „blank"-ről!
Először az első fogástípussal játsszuk el a gyakorlatot, mert az könnyebb!

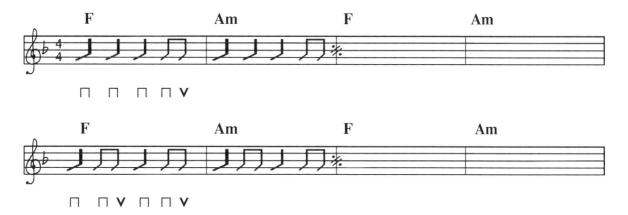

Ha könnyedén megy, próbálkozzunk meg a keresztfogásos F-dúr kísérettel is, ami teltebb
hangzást ad, mivel itt a mély basszushúrok is megszólalnak!

Akkordjáték-fejlesztés

Megtanultuk, hogy a kottában hol találhatók a hangsúlyos helyek.

Akkordjátékunkat úgy színesíthetjük, hogy a következő darabban a hangsúlyos helyeken
történő lepengetésnél (1. és 3. negyedben) csak a mélyebb basszushúrokat pengetjük. A többi
lepengetésnél természetesen végigpengetjük a gitár húrjait. Ne feledjük az akkordváltás előtti
„blank"-et!

CD **48/a gyakorlat**

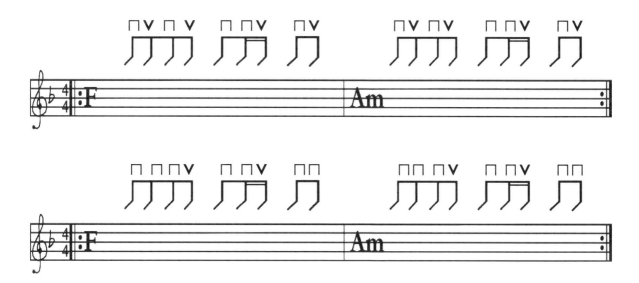

GYAKORLATOK

Az Am fogásnál le kell tompítani az E6-húrt ekképpen:

A bal kéz hüvelykujja egészen fönn van a gitár nyakán, kicsit átnyúlik az E6-húrra, így az biztos nem szólal meg.

F-dúr esetében csak az E6 és A-húrt pengetjük jobban a hangsúlyos helyeken.

48 / b.

Az előző gyakorlatot játsszuk el C-dúr és Em akkordpengetésekkel is!

CD 49. gyakorlat

Tizenhatodpengetés

A következő esetben a tizenhatodoknál az első két tizenhatodra basszushúrokat pengetünk (B-vel jelöltem), a harmadik és negyedik tizenhatodra pedig az első négy húrt pengetjük (E1, B, G, D). Ezt csillaggal jelöltem.

Ritmusképlet:

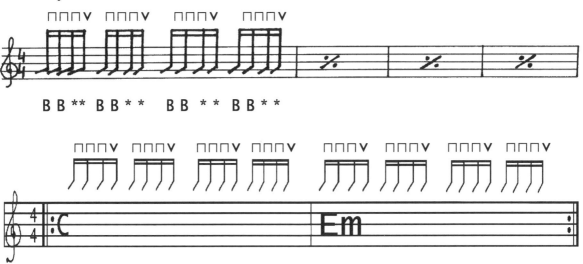

CD 50. gyakorlat

GYAKORLATOK

CD 51. gyakorlat

A fojtott pengetés

Muted chords (kiejtés: mjútid kordz) = fojtott pengetés. Ekképp lehet jelölni: m

A fojtott akkordpengetést úgy képezzük, hogy lehúzás után a jobb kéz hüvelykujja alatti belső ujjpárnát rögtön a gitárra nyomjuk egy erőteljes és hirtelen mozdulattal ekképpen:

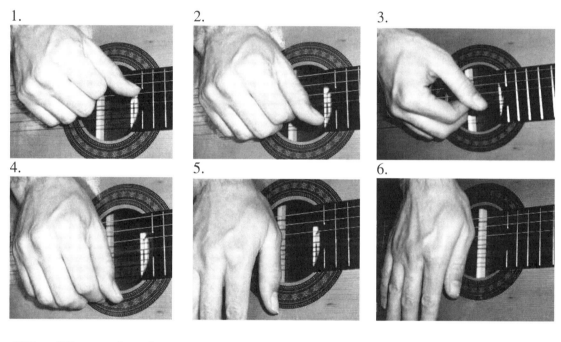

CD 52. gyakorlat

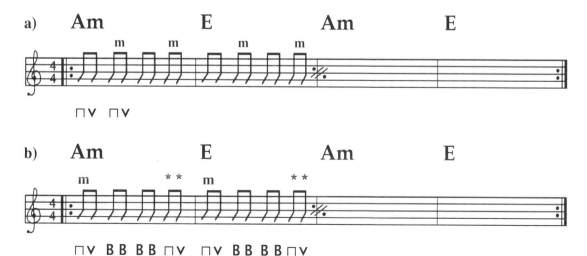

GYAKORLATOK

CD 53. gyakorlat

Azt tudtad, hogy…………..?   „I can get no satisfaction"

A Rolling Stones Satisfaction számának fő gitármotívuma Keith Richards fejéből pattant ki, aki általában nagyon szeretett bulizni, de egy éjjel Floridában nagyon fáradt volt. Ezért magnóra vette a motívumot, majd álomba merült. Másnap reggel visszahallgatta a szalagot, amin az első 2 percben a „Satisfaction" kezdetleges motívuma volt hallható, az ezt követő 40 percben pedig az ő horkolása. A szám címét Jagger adta. A szám megjelenését követően 38 országban lett listavezető és több mint 4 millió példányt adtak el belőle szerte a világon.

64

GYAKORLATOK

A négyeshangzatok

A négyeshangzat abban különbözik a hármashangzattól, hogy ebben a skála I., III. és V. fokán lévő hangok mellett a VII. fokon lévő hang is szerepel.

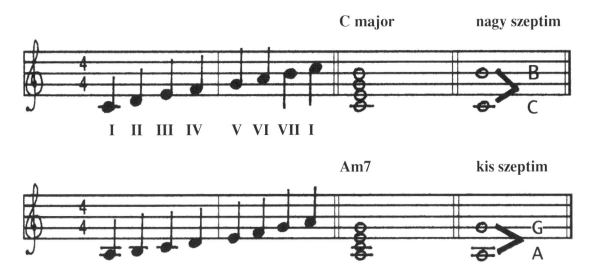

Az első esetben a C-dúr skálából képezünk négyeshangzatot. Ilyenkor az alaphangra (c) nagy szeptim távolságra épített hang adja meg a négyeshangzat legmagasabb hangját. Ebben az esetben a négyeshangzat neve: major (médzsőr), vagy röviden maj akkord.

A major akkord jele: △ Ez azonban még nem a kívánt C7 akkord.

A második esetben Am skálából képezünk négyeshangzatot. Itt az alaphangtól számított kis szeptim távolságra esik a skála hetedik hangja, amely a négyeshangzat legmagasabb hangját fogja adni. Ezt a fajta négyeshangzatot 7-esnek nevezzük. Minket ez érdekel bővebben.

Feladat: Képezzünk 7-es akkordokat moll és dúr skálákból a fenti példa segítségével!

Megoldás: A dúr skálák esetében a VII. fokon lévő hangot lefelé kell módosítanunk.
             A moll skálák változatlanul maradnak.

C7 akkord felépítése   C7

Cm7 akkord felépítése   Cm7

GYAKORLATOK

A négyeshangzatok

D7 akkord felépítése

Dm7 akkord felépítése

E7 akkord felépítése

Em7 akkord felépítése

F7 akkord felépítése

Fm7 akkord felépítése

GYAKORLATOK

A négyeshangzatok

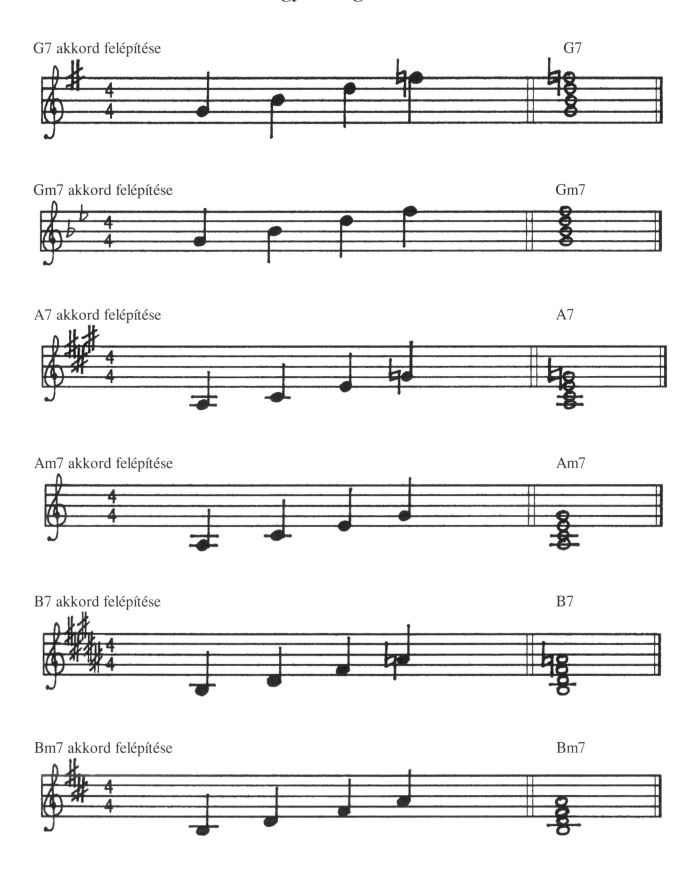

G7 akkord felépítése   G7

Gm7 akkord felépítése   Gm7

A7 akkord felépítése   A7

Am7 akkord felépítése   Am7

B7 akkord felépítése   B7

Bm7 akkord felépítése   Bm7

GYAKORLATOK

A **7-es** akkordok (dúr 7-esek)

C7

D7

E7

B7

F7

G7

A7

B7

                   Swan gitáriskolája

GYAKORLATOK

CD **54. gyakorlat**

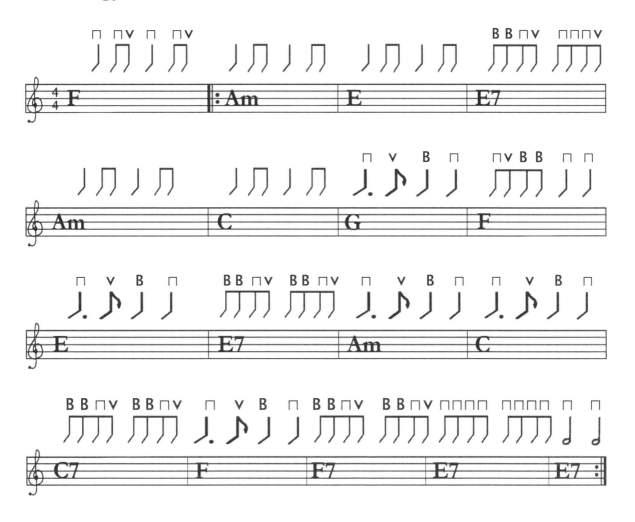

Végezetül jöjjön most sokak kedvence:

Dire Straits:	The sultans of swing

1. rész	1. rész	1. rész	1. rész
2. rész	2. rész	2. rész	2. rész
3. rész	3. rész	4. rész	4. rész
1. rész	1. rész	1. rész (szóló)	1. rész
2. rész	2. rész	2. rész (szóló)	2. rész
4. rész	4. rész	4. rész (szóló)	4. rész

GYAKORLATOK

55. gyakorlat

Dire Straits: **The sultans of swing**

1.rész

2.rész   **Középrész**

3.rész

GYAKORLATOK

4.rész

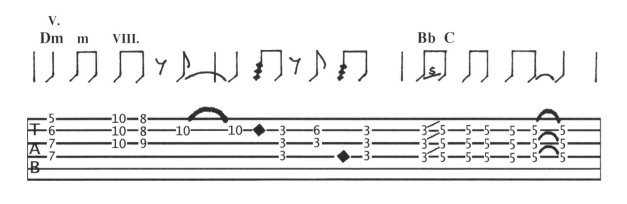

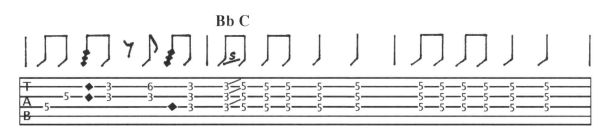

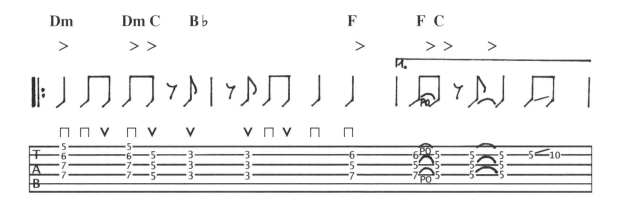

71

GYAKORLATOK

A négyeshangzatok felépítése (összegzés)

C7 akkord felépítése   C7   Cm7 akkord felépítése   Cm7

D7 akkord felépítése   D7   Dm7 akkord felépítése   Dm7

E7 akkord felépítése   E7   Em7 akkord felépítése   Em7

F7 akkord felépítése   F7   Fm7 akkord felépítése   Fm7

G7 akkord felépítése   G7   Gm7 akkord felépítése   Gm7

A7 akkord felépítése   A7   Am7 akkord felépítése   Am7

B7 akkord felépítése   B7   Bm7 akkord felépítése   Bm7

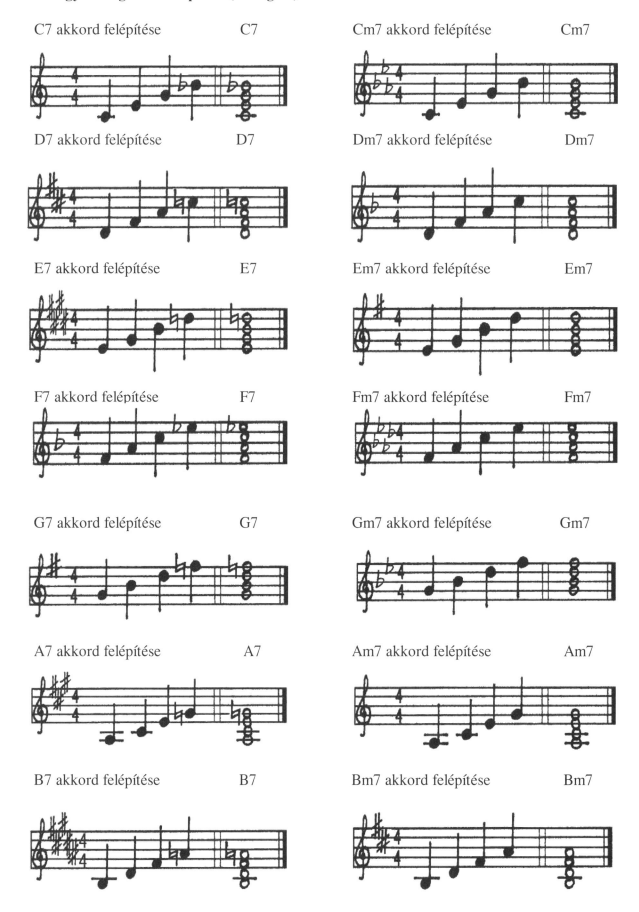

AKAROD-E AZT?

words & music by Róbert Pelyhe
zene és szöveg: Pelyhe Róbert

A KÉK MADÁR

words & music by Róbert Pelyhe
zene és szöveg: Pelyhe Róbert

© 2005 Pelyhe Róbert

Swan gitáriskolája

A KÉK MADÁR

Nézd, hogy száll az égen a kék madár
Száll és száll mert előtte nincs határ

Szállj, hát szállj! Kérlek, messze szállj, szállj tovább!
Röpíts fel oda hol a csillagom, s azon túl a napsugár még sosem járt!

Nézd, ha kérem a vállamra száll.
Fenn az égben ő a nagy király

Szállj, hát szállj! Kérlek, messze szállj, szállj tovább!
Röpíts fel oda hol a csillagom, s azon túl a napsugár még sosem járt!

Kár, hogy el kell menned kis galamb.
Úgy fáj, hogy szívem meghasad!

Szállj, hát szállj! Kérlek, messze szállj, szállj tovább!
Röpíts fel oda hol a csillagom, s azon túl a napsugár még sosem járt!

Vess még rám egy gyors pillantást!
Ez volt az utolsó szárnycsapás.

Szállj, hát szállj! Kérlek, messze szállj, szállj tovább!
Röpíts fel oda hol a csillagom, s azon túl a napsugár még sosem járt!

Tények „A kék madár"-ról és az albumról:

- A helyes hangképzés kedvéért egy operaénekesnőtől tanultam énekelni. Ez főleg az olyan dalokban okozott könnyebbséget, mint „Az elvesztett hon dala", a „Szólít a fény", vagy „A kék madár", amelyekben állandóan magas és mély részek váltják egymást.
- A stúdióvezető Siklós Gyurinak mondtam, hogy a klasszikus részek felvételéhez klasszikus zongorát szeretnék használni. Volt is egy Stainway zongora, ami évek óta a stúdióban porosodott és mindig rá volt írva: „Ez nem polc" Mire a fiúk a polcra ráírták: „Ez nem zongora!" Szóval, Gyuri csak ennyit szólt: „Akkor gondoskodnod kell zongorahangolóról is."
- A hegedűfelvételeket ifjabb Sánta Ferenc játszotta fel.
- A zongorameneteket jómagam írtam, valamint „A kék madár" hegedűrészét is.
- 106 órát töltöttem az énekfelvételekkel, ebből „A kék madár" 32 órát tett ki.
- „A kék madár" kétféle ritmusban és stílusban lett rögzítve. A lassabb változatban arra kértem Vincze Tomi dobost, hogy a Dire Straits „Sultans of Swing" c. számához hasonló stílusban doboljon. A gyorsabb változatban hawaii-gitárt használtam, így sokkal színesebbé és pergőbbé vált a szám.
- Csak a felvétel után mondta meg a zongorista, hogy azért nem szerette gyakorolni „A kék madár" c. számot, mert kisujjra írtam meg a basszusmenetet. Szerencsére elsőre sikerült felvennie.

OLYAN SZÉP VOLT MINDEN

words & music by Robert Pelyhe

Swan gitáriskolája

OLYAN SZÉP VOLT MINDEN

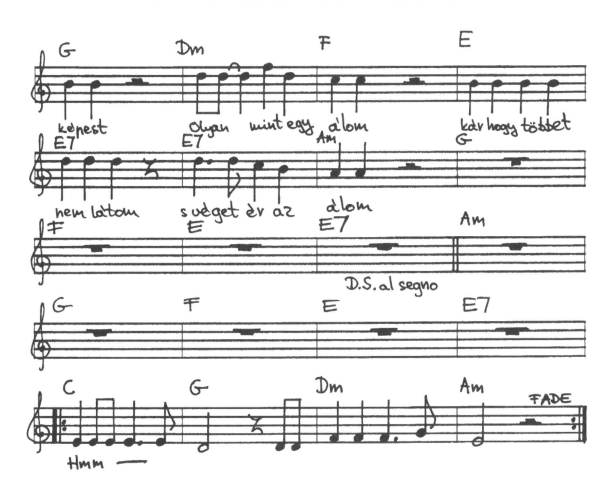

HAGYD HOGY MINDEN JÓ LEGYEN

words & music by Robert Pelyhe

ÉBREDJ FEL ALVÓ OROSZLÁN

words & music by Robert Pelyhe

SZÓLÍT A FÉNY

SZÓLÍT A FÉNY

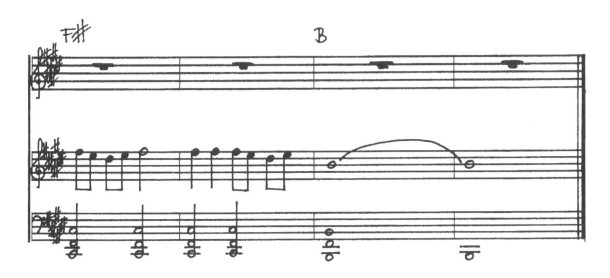

TARTALOMJEGYZÉK

TARTALOMJEGYZÉK